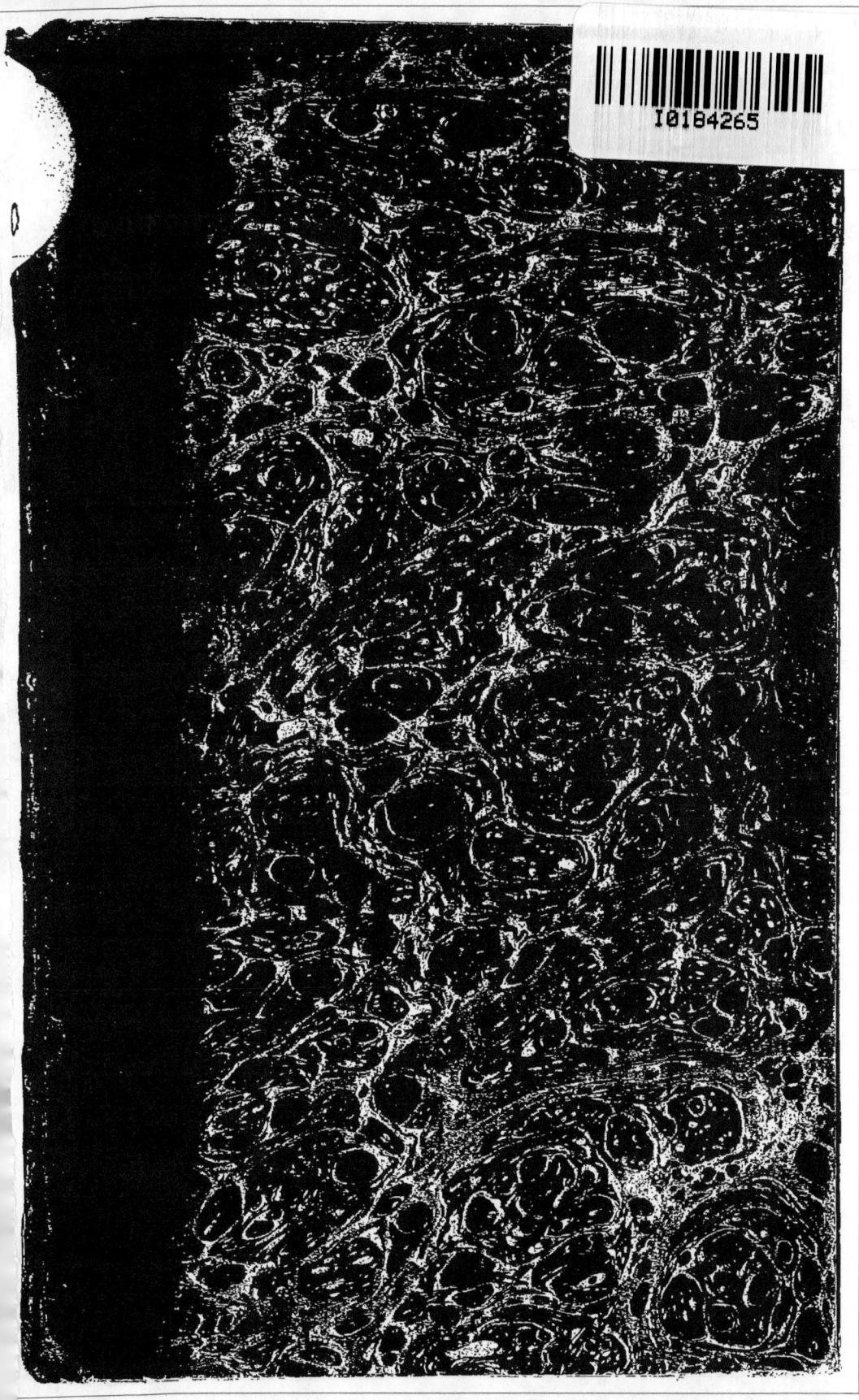

2943. S. et arts.

La Civilité Puerile

ET HONNESTE

pour l'Instruction des Enfans.

EN LAQUELLE EST MISE AU commencement la maniére d'apprendre à bien lire, prononcer & écrire; de nouveau corrigée & augmentée à la fin, d'un tres-beau Traité pour bien apprendre l'Ortographe.

Dressée par un Missionnaire.

Ensemble les beaux Preceptes & Enseignemens pour instruire la Jeunesse à se bien conduire dans toutes sortes de Compagnies.

IHS

A TROYES,
Chez la Veuve de JACQUES OUDOT, & JEAN OUDOT Fils, Imprimeur & Marchand Libraire, rüe du Temple. 1739.

Avec Approbation & Permission Royale.

8° S. 32146

AU LECTEUR.

SI tu veux apprendre science,
Craindre Dieu en reverence,
Souvent pense à t'humilier,
En ton secret pour le prier.

Sois attentif & debonnaire,
Continuant sans autre affaire,
Sobre, vaillant, laborieux,
Du monde ne sois curieux.

En nul peché ne te desborde,
Ce qu'as appris souvent recorde,
Et l'enseigne à qui tu pourras,
Cela faisant, sçavans seras.

PREFACE A LA JEUNESSE
qui aime l'honneur.

LA lecture de ce Livre ne vous sera pas inutile (mes chers Enfans) elle vous apprendra ce que vous devez à Dieu, au moins quant à vos actions exterieures, & elle vous instruira de la maniere en laquelle vous devez vous comporter à l'égard de vôtre prochain, pour lui rendre tous les devoirs de civilité, à quoi la charité Chrétienne vous oblige.

Ne croyez donc pas que ce Livre que je vous presente soit pour apprendre l'esprit du monde, à faire des complimens à perte de veüe, ou des reverences à la mode, & a dire tout le contraire de ce que vous pensez, pour vous insinuer

PREFACE.

dans l'amitié de ceux avec lesquels vous conversez ordinairement: La Civilité étant une vertu morale & même Chrétienne (puisque Saint Paul dit que l'on se previenne d'honneur) elle ne vous enseignera rien que de bon, aussi n'est-ce pas pour vous rendre plus mondains, mais pour vous rendre plus Chrétiens.

Et si elle ne vous enseigne pas le souverain amour que vous devez à Dieu, l'apprehension de ses Jugemens, la reconnoissance de ses bienfaits & le soin de vôtre salut, qui doit faire le plus grand de vos empressemens, elle vous instruira au moins sur une partie de la Justice Chrétienne, qui vous apprend d'honorer un châcun, en reconnoissant en vôtre prochain les graces & les belles qualitez que Dieu y a mis, de ne mepriser personne, de ne faire à vôtre frere Chrétien (de quelle qualité ou condition qu'il puisse être) chose aucune que vous croyez qu'il lui puisse déplaire, enfin de ne faire à autruy ce que vous ne voudriez pas qu'il vous fût fait à vous-même.

Remarquez neanmoins (mes chers enfans) que le chemin le plus court pour devenir honnête homme, c'est de hanter les honnêtes gens, & de prendre garde à leur maniére d'agir, parce que les exemples ont beaucoup plus de force sur nos esprits que les paroles.

LES REGLES
de la Civilité puerile pour instruire les Enfans dans toute honnêteté & bienseance.

DE LA NECESSITE
de bien élever la Jeunesse.

PREMIEREMENT.

L'Education de la Jeunesse est asseurément de la derniere consequence depuis la corruption de nostre nature par le peché de nostre premier Pere, l'homme est si miserable qu'il ne produit rien de soy que de mauvais : ainsi ce n'est pas assez de n'apprendre rien de mal aux enfans, ou de ne leur point montrer de mauvais exemples pour les rendre bons, il faut déraciner en eux ce qui ne vaut rien.

2. Quelque bon naturel que puisse avoir un enfant il y a toujours à reprendre, & ces défauts qui prennent racines en la nature, sont capable de les perdre avec le tems, si l'on n'y remedie de bonne heure.

3. Ainsi, Pere & Mere, vous voyez l'obligation indispensable que vous avez de prendre un tres-grand soin de vos enfans, faites leur prendre de bonnes habitudes, instruisez-les pendant qu'ils sont jeunes, élevez-les en la crainte de Dieu, portez-les à l'acquisition de leur devoirs envers leur prochain, faites leur apprendre les regles de la bienseance & faites les leurs pratiquer, ne leur laissez rien passer, reprenez-les quand ils manquent, faites neanmoins que vos reprehensions n'ayent aucune aigreur, de peur qu'ils ne se rebutent, & qu'ils n'en fassent point de profit : c'est par cette Education que vous leur donnerez, que leur naturel deviendra bon & honneste, & asseurement quelques beaux esprits qu'ils puissent avoir, ils deviennent brutaux si vous les negligez en leur jeunesse.

4. Ne soyez pas assez indiscret pour supporter vos enfans dans le mal, & prendre des querelles avec vos voisins & voisines à leur occasion, les enfans qui voyent que l'on

& honneste.

prend leur party, en deviennent plus insolents.

5. Quand vous sçaurez l'innocence de vostre enfant, & que vous serez assuré que c'est sans raison que l'on s'en plaint, vous ne devriez pas le favoriser pour cela, si sage qu'il puisse estre, il y aura toujours quelque défaut en sa conduite, & ainsi arrestez vous à ce défaut pour l'en reprendre, sans avoir égard au fond de l'affaire, pour juger s'il a droit ou non, dites luy que s'il eust été ailleurs cela ne luy seroit pas arrivé, & ne permettez pas qu'il rende injure pour injure, quel tort que l'on puisse luy avoir fait.

Le premier jour,   a, b, c, d,
Le second jour,   e, f, g, h,
Le troisiéme jour,   i, k, l, m,
Le quatriéme jour,   n, o, p, q,
Le cinquiéme jour,   r, s, t, u,
Le sixiéme jour,   x, y, z, & .

Le septiéme il faut faire reduire toutes ces lettres ensemble. Ainsi petit-à-petit l'Aprentif fera bien plus de progrés, qu'en luy surchargeant la memoire, en ménageant son esprit à la force de son jugement.

Le Maistre doit montrer la leçon deux ou trois fois au Disciple avant que de lui faire répéter, sans vous attacher à le faire deviner; car une difficulté, particulièrement à la Jeunesse peut la relâcher ou rebuter: mais au contraire, le tems, l'usage & l'experience le rendent capable de concevoir, ce que ne peut faire la précipitation.

Alphabet de plusieurs écritures pour mieux instruire les enfans.

La prononciation des lettres de l'Alphabet.

Lettres Romaines Capitales.

A, B, C, D, E, F, G, H, I, K, L, M, N, O, P, Q, R, S, T, V, U, X, Y, Z.

Lettres Italiques.

A, B, C, D, E, F, G, H, I, K, L, M, N, O, P, Q, R, S, T, V, U, X, Y, Z.

Lettres Françoises.

a, b, c, d, e, f, g, h, i, l, m, n, o, p, q, r, s, t, u, v, x, y, z, &.

prononcer & écrire.

Capitalles.

A, B, C, D, E, F, G, H, I, K, L, M,
N, O, P, Q, R, S, T, V, X, Y, Z.

Voyelles.   a, e, i, o, u.

Consonnes.

b, c, d, f, g, h, l, m, n, p, q, r, s, t, x, y, z.

C'est erreur que de prononcer bey, cey, dey,
estre, en, me, &c.

Ba, be, bi, bo, bu.   Ma, me, mi, mo, mu.
Ca, ce, ci, co, cu.   Pa, pe, pi, po, pu.
Da, de, di, do, du.   Qua, que, qui, quo, quu.
Fa, fe, fi fo, fu.   Ra, re, ri, ro, ru.
Ga, ge, gi, go, gu.   Sa, se, si, so, su.
Ha, he, hi ho, hu.   Ta, te, ti, to, tu.
Ja, je, ji, jo, ju.   Va, ve, vi, vo, vu.
La, le, li, lo, lu.   Xa, xe, xi, xo, xu.
Ma, me, mi, mo, mu.   Za, ze, zi, zo, zu.

Autres Syllabes.

Bail, fail, mail, gail, rail, sail.

Mots d'une Syllabe.

Blanc, bleu, bœuf, bent, boit.

La maniére de bien lire.

Caul, cent, cinq, coup, corps, cœurs,
Dieu, dans, dix, droit, d'un, deux.
Eau, és, eux, tut, est, état.
Frais, fraix, froid, frent, front, fut, fut.
Gras, grand, grief, gros, gris, gens.
Haut, hay, hars, hors, heur.
Jean, jours, j'en, j'ay, ils, il.
L'ait, laid, lard, l'an, lors, l'air, l'œil.
Mais, mon, mot, moult, mur, mort, mal.
Nerf, nont, neuf, nous, noms, n'y, n'a.
Pain, pour, prompt, peut, par, peu, puis,
Quand, quel, qu'eux, qui, qu'ont.
Ret, rend, Roy, rien, riez, ris.
Saint, seul, sont, saoul, sourd.
Tant, trois, trop, tel, Tours,
Vaut, vin, veut, vent, vol, veux.

Lettres appellés Ligatures.

Les Ligatures sont faites en deux lettres qui sont liées ensembles, comme celles-cy : ft, &, œ, ai, æ, tu, ct, ts, &, sp, ss, ς, &c.

Abbreviatures.

Abbreviatures est une lettre, qui a dessus, dessous, ou à costé, certain trait, signifiant manque de quelque lettre comme celle-cy ã an, am, ẽ, en, em : ĩ, in, im, õ, on, om : ° pour us à la fin d'un mot.

prononcer & écrire.

Lettres finalles pour mettre à la fin des lignes.

a, e, n, c, d, y, m, t, r, b, z.

De la ponctuation en général

Bien que les langues soient différentes, elles n'ont pourtant que sept sortes de ponctuations.

i , Incisum, ou virgule.
ij : Comma ou deux points.
iij . Punctum, ou point.
iiij ? Interrogant.
v ! Admiratif.
vi ( ) Parenthese.
vij - Division.

Le premier caractère est appellé en Latin Incisum, & en françois virgule, il sert pour separer les mots & simples sentimens d'une matière.

Le second appellé Comma, tant par les Grecs que par les Latins : il sert à serrer les sentences d'une matière.

Le troisième est nommé Colum par les Grecs & par les Latins Punctum & en françois, point pour marquer la fin d'une matière.

Le quatrième est appellé par les Latins interrogant ; il se met à la fin d'une sentence par interrogation, comme Nicolas est-il là ?

Le cinquième diffère un peu du quatrième

12   La maniere de bien lire, &c.

en figure: c'est appellé Admiratif, marquant l'admiration: comme qui diroit: O Dieu quel malheur!

Le sixiéme est appellé, Parenthese () il sert à fermer une sentence, laquelle se peut tirer de la matiere.

Et la septiéme & derniere est appellée Division, elle sert pour mettre au bout des lignes, lors que le mot n'est pas entier.

Des Accens.

Ccent est un trait mis sur les lettres servant à la difference de la prononciation, comme pepe, pepé, offense, offensé. Cét Accent s'appelle aigu.

L'Accent grave est comme en ce mot, où qui est en latin Ubi, au lieu de ou, qui est en latin Vel.

Il y a encore l'Apostrophe, laquelle signifie defaillance de quelques voyelles, comme d'honneur, de honneur, d'autrui de autrui: qu'iceux, que iceux, & divers autres dont la lecture donnera connoissance au Disciple.

Exhortation à la Jeunesse.

Cher Enfant que je considere, comme un Enfant de Dieu, & comme frere de Jesus-Christ, commencez de bonne heure à vous porter au bien, & ne deshonorez pas par une vie malseante, ce beau & sacré Caractere de Chrétien, qui est grand dans votre Baptesme. Je pretend vous apprendre les regles d'un honneste Chrétien, rendez-vous y souple & docile.

De ce que l'on doit à Dieu.

La crainte de Dieu est le commencement de la sagesse, dit le Sage : c'est la premiere chose que vous devez apprendre.

2. Si donc vous voulez sçavoir ce que vous devez à Dieu, vous devez croire en luy & à luy, esperer en sa divine bonté & l'aimer par dessus toutes choses, voila l'abregé de tous vos devoirs à l'égard de Dieu.

3. Vous vous acquiterez du 1. on apre-

nant parfaitement les mistères de la loy dans le Catechisme, & ce premier vous fera passer au second, car celuy qui connoist Dieu, & ce qu'il est, met en luy toute son esperance.

4. L'amour de Dieu est une suite necessaire de ces deux, s'il est dans vostre cœur, vous possederez un grand tresor, & le plus grand de tous les biens & de tous les honneurs.

5. Assistez au saint Sacrifice de la Messe, chaque jour autant que vous le pourrez & le plus devotement qu'il vous sera possible : si allant par la ruë vous voyez qu'on porte le Saint Sacrement à quelque malade, quand vous en serez proche mettez vous à genoux jusques à tems qu'il soit passé, & si vostre commodité vous le permet, accompagnez-le jusques à l'Eglise.

6. Ne passez jamais devant aucune Eglise, sans saluer reveremment & adorer Jesus-Christ qui y repose, & honorez le Saint auquel elle est dediée, rendez le même respet aux Croix que vous rencontrerez.

7. Conservez en vous un grand sentiment de Dieu, & des choses sacrées pour ne rien faire qui ne soit à propos : faites paroistre par vostre exterieur que vous estes Chrétien & tenez à honneur d'en faire les actions.

& honneste. 15

Les fautes que l'on peut faire contre la Civilité, en agissant contre la Loy de Dieu.

Es juremens & les blasphêmes, sont les plus grandes fautes que l'on puisse faire contre les loix de la bien-séance.

2. Ainsi ne jurez jamais, ne vous habituez pas mesme à jurer vostre foy, il suffit d'user de ces paroles, quand il est necessaire d'affirmer quelque chose ; assurément, Monsieur, cela est, sans en dire d'avantage.

3. Vous serez plutost creu en parlant doucement & avec moderation, que si vous vous mettez en colere pour defendre ce que vous avanez.

4. Les paroles des-honnestes & d'impureté ne sont pas moins contre la Civilité que les juremens, & sont tres-souvent plus dangereuses à la perte des ames.

5. Si l'on en dit en vostre presence, coupez adroitement le discours, ou si vous ne pouvez faire changer l'entretien, quittez la compagnie après l'avoir saluée, en trouvant quelque excuse.

Ce que l'enfant doit à son prochain, & prémierement de ses devoirs envers ses Supérieurs.

Sous ce mot de prochain sont compris vos Supérieurs, semblables & ceux qui sont moindres que vous. Vos Supérieurs sont vos Péres & Méres, vos oncles, vos tantes & vos Maistres, & toutes personnes qui sont au dessus de vous, à raison de leur dignité ou à cause de leur authorité.

2. Vous devez quatre choses à vos Péres & Méres les aimer, respecter, leur obéir & les assister dans leurs nécessités de cete vie & aprés leur mort.

3. Vous les aimerez si vous leur voulez du bien, & pourquoi ne souhaitteriez-vous pas du bien à ceux de qui vous tenez tout ce que vous estes, qui vous ont donné l'Estre, & qui ne travaillent que pour vous conserver leurs biens, ou pour vous amasser quelque chose.

4. Les respecter, c'est les avoir en estime, leur parler avec reverence, toujours debout, ne passer jamais devant eux sans les saluer, & jamais ne parler de leurs défauts.

5. Vous

& honnête.   17

5. Vous leur obéirez, si vous faites promptement & de bon cœur tout ce qu'ils vous commandent sans murmurer & sans hocher la teste, qui seroit une faute digne de chastiment.

6. Les assister, c'est les secourir autant que l'on peut dans la vieillesse & dans leurs maladies, les consoler dans leurs afflictions, & les soulager : s'il arrive qu'ils viennent à tomber dans la pauvreté : à quoy on peut ajouter les aider aprés la mort par des prieres. On ne vous dit point icy les raisons de ces devoirs parce que la nature vous en dit assez.

A quoy l'on est obligé à l'égard de ses Maîtres & Maîtresses.

Vos Maîtres & Maîtresses tenant à vostre égard la place de Dieu, vous leurs devez au moins l'honneur & l'obéissance.

2. Vous les honorez, si vous les avez en estime, si vous ne dites que du bien d'eux, si vous ne leur parlez jamais qu'avec respect, & à teste découverte.

3. Vous ne pourrez jamais rendre à vos Maîtres & Maîtresses, autant qu'ils vous donnent & vous ne reconnoistrez jamais assez

B

la peine qu'ils prennent pour vous faire apprendre quelque chose.

4. Ayez soin de faire exactement ce qu'ils vous diront pour ce qui regarde vostre devoir dans l'Ecole; soumettez-vous en leurs corrections quand ils vous avertissent de vos defauts, ou qu'ils vous enseignent vostre devoir.

5. C'est une incivilité tres-grande de parler en mauvaise part d'une personne que l'on a eu autrefois pour maistre, comme si on avoit oublié l'obligation qu'on luy a.

Du respect que les enfans doivent aux gens d'Eglises.

Ne passez jamais devant un Ecclesiastique, que vous ne luy passiez la reverence, si pauvre & mal vestu qu'il puisse estre.

2. Honorez en sa personne le Dieu qu'il sert, à qui il appartient de prés par son ministere; & n'ayez point tant d'égard à la qualité de ses mœurs si elles sont bonnes ou mauvaises, qu'au caractere sacré qu'il porte.

3. Si vous passez devant un Evesque, vous vous mettrez à genoux pour recevoir sa benediction, particulierement s'il est re-

& honnête.

vestu de son Rochet & de son Camail, & si vous avez à luy parler, vous ne le ferez point qu'après avoir reçu sa benediction, & vous l'appellerez Monseigneur.

4. S'il arrive que vous entendiez que quelque Ecclesiastique soit de mauvaise vie, gardez-vous bien de prester l'oreille à ses discours, encore moins de vous informer curieusement de ce qu'on dit de luy, le respect que vous luy devez vous doit empescher de croire aucun mal de luy.

5. Servez mesme volontiers à la sainte Messe ; vous ne pouvez recevoir un plus grand honneur : & tâchez de le faire de bonne grace, avec respect interieur & exterieur.

Du respect que les enfans doivent aux vieillards, & aux personnes constituées en dignité.

'honneur est dans celuy qui honore : & ainsi plus vous porterez honneur aux personnes qui le meritent, plus vous serez estimé honneste.

2. La Vieillesse seule est quelque chose venerable, ne manquez point de luy porter respect, puisque le Saint Esprit mesme vous

B ij

y fait leçon dans l'Écriture Sainte.

3. Et gardez-vous bien de vous moquer des défauts des vieillards, de leur imbécilité de corps ou d'esprit.

4. Honorez chacun selon son rang & son mérite, les Magistrats & les gens de Justice, puisque leur autorité vient de Dieu.

5. La manière d'honorer ces personnes est de leur faire la reverence, en vous levant quand ils passent ou quand vous passez devant eux en les saluant; d'en parler toujours honorablement, & de porter du respect à tout ce qui leur appartient.

Les fautes dont l'enfant doit se donner de garde, pour ne rien faire contre la Civilité à l'égard du Prochain.

Les fautes contre l'honnesteté sont d'autant plus grandes que les personnes que vous offensez sont considerables, ou qu'ils touchent de plus près.

2. Railler son prochain, le contrefaire, lui faire des reproches sur quelque défaut du corps ou sur quelque faute qu'il aura faite, cela n'appartient qu'à des bouffons & à des esprits malfaits.

& honnête.

3. Ne vous divertissez donc jamais par des discours qui blessent tant soit peu la Charité.

4. Faire des rapports pour mettre les personnes en division & en querelle quand mesme ce que l'on diroit seroit vray, c'est la marque d'un esprit brouillon & fort mal tourné.

5. User de fraude & de tromperie, c'est se mettre en danger de n'avoir plus aucune creance parmy les hommes ; ainsi évitez ces défauts si vous voulez passer pour une personne d'honneur.

De ce qu'il faut faire quand on se leve du lit.

L'Heure de vostre lever estant venuë, faites d'abord le signe de la Croix, & donnez aussi-tost vostre cœur à Dieu, ne soyez pas du nombre de ceux qu'on a bien de la peine à faire lever, mesme si vous avez la prudence & l'honneur en recommandation, vous ne souffrirez pas qu'aucune personne d'autre sexe entre en vostre chambre pendant que vous y estes, ainsi vous la tiendrez fermez de vostre costé.

2. Levez-vous donc avec tant de circonspection qu'aucune partie de vostre corps paroisse nuë, quand mesme vous seriez seul dans

la Chambre, & que vous ayez quelqu'un qui fasse vostre lit, ne le laissez pas néanmoins découvert quand vous en sortez, remettez au moins la couverture.

3. Prenez d'abord les habits qui vous couvriront le plus, pour cacher ce que la nature ne veut pas qui paroisse; & faites cela pour le respect de la Majesté d'un Dieu qui vous regarde: ne sortez jamais de la chambre à demy vestu.

4. Accoutumez-vous à garder le silence, à parler de quelque chose de bon en vous habillant, & lors que vous serez entièrement vestu & bien peigné (pour ne point entretenir de vermine) employez au moins un quart d'heure de temps pour faire des prières à genoux devant quelque devote image, après avoir pris de l'eau benisté.

5. Si vous estes dans la chambre de vos Père & Mère, donnez-leur ensuite le bon-jour en vous courbant tant soit peu vers eux pour leur faire la reverence; mais il ne faut pas faire cela que vos prières ne soient achevées.

6. Si vous n'estes pas dans la mesme chambre, vous vous transporterez dans le lieu où ils sont pour leur rendre ce respect s'ils sont en état de le recevoir; au moins ne sortez pas du logis sans avoir satisfait à ce devoir.

& honnête.

Du même sujet.

Dès que vous commencerez à vous connoistre, couchez seul autant que vous pourrez, au moins ne souffrez point avec vous aucune personne de sexe different, quand ce seroit vostre Sœur ou vostre Mere: cela est tres-contraire à l'honnesteté aussi bien qu'à la pureté.

2. Si vous allez ensuite à vos necessitez de nature, ne les faites pas en presence du monde, & gardez l'honneur par tout.

3. Il est sain de laver ses mains & son visage le matin, & mesme encore ses yeux avec de l'eau fraische pour conserver la veüe.

4. Ayez soin que vostre habit soit bien fermé par devant, particulierement sur la poitrine, tenez vos habits nets, & vos souliers sans ordure.

5. Pour ce qui est de la qualité de vos habits; suivez la coutume du païs, & les façons de faire des personnes de vostre condition, en retranchant neanmoins tout le superflu, & ce qui ressent la mondanité.

6. Ayez soin tous les jours de vous bien pei-

gneux pour ne point entretenir de vermine, mais ne poudrez jamais vos cheveux, cela n'appartient qu'aux personnes molles & efféminées.

De la maniere en laquelle l'enfant doit se comporter en marchant par la ruë.

Prenez garde que vos bas ne tombent, faute d'estre attachez, ou que vostre chemise ne passe par quelque endroit, ce qui appresteroit à rire à ceux qui vous verroient en cet état.

2. Ne marchez pas si doucement qu'il semble que vous comptiez vos pas, & ne vous hattez point si fort comme si on vous chassoit, que vostre marcher ne soit ny trop lent, ny trop precipité.

3. Ne branlez pas les épaules, comme les balanciers d'un horloge, en vous carrant, car c'est la marque d'un superbe & d'une personne qui s'en fait accroire.

4. Ne courrez pas par les ruës en sautant dandinant : cela n'est plus pardonnable à un enfant qui fait profession de bienseance.

5. C'est contre la Civilité de manger par les ruës, & de trainer ses pieds en marchant, d'avoir les mains pendantes contre terre, ou de branler les bras comme si c'estoit des

viront pour faire plus de chemin.

6. Ne marchez pas sur la pointe de vos pieds ny en dansant, ny en vous entretaillant des talons, encore moins ne donnez du pied contre les cailloux comme si vous les vouliez desplacer.

7. Il n'est pas honneste de montrer les mains derriere le dos en marchant, c'est toujours la marque des gens oisifs, ainsi il ne faut pas les imiter.

De la vûë.

Les yeux sont les images de l'ame; il semble mesme qu'elle en sorte pour se faire connoitre. Ainsi vous voyz la necessité de bien regler vostre veuë. Si la nature ne vous a pas donné des yeux doux & gratieux, corrigez ce défaut par une contenance gaye & modeste & ne les rendez pas plus mauvais par vostre negligence.

2. Faire des grimaces pour se rendre affreux, contrefaire le louche pour faire rire les autres, c'est une des plus grandes fautes que puisse faire un enfant, puisqu'il se perd la veuë.

3. Ne tenez point vostre veuë si fort atta-

gez à un objet : car c'est la marque d'un esprit pensif, ou qui imagine quelque chose : encore moins n'ayez pas les yeux trop égarez ou effrayez qui est un signe de legereté ou de folie, & gardez vous bien de regarder fixement le Soleil ou une chandelle, de peur de vous faire mal aux yeux.

4. C'est une grande incivilité de regarder une personne en tenant un œil fermé, comme les Arbalestiers qui tirent au but, & ce n'est pas une moindre rusticité de regarder par dessus l'épaule en tournant sa teste, ce qui est un signe de mépris.

5. Regarder une personne de travers, c'est une marque de cruauté, cela n'est jamais permis, si ce n'est un maistre à l'égard de ses disciples, ou de ses domestiques, pour les reprendre quand ils manquent.

6. N'ouvrez pas fort les yeux & ne tenez pas la veue fort baissée, si ce n'est que vous aspirez à l'état Ecclesiastique, car pour lors, il est bon de vous accoutumer à la mortification de vos sens & de vous tenir dans une plus grande modestie, puisqu'elle est bien séante à cet état.

7. La meilleure regle que l'on peut vous donner, c'est de faire en sorte que vos regards soient doux, naturels & sans affection; en sorte que l'on ne remarque en vous aucune passion ou affection desreglée.

De la maniere d'entendre la Ste. Messe.

Je ne crois pas que vous voulussiez manquer à la Messe les Dimanches ou les Festes, puisque mesme vous devez estre porté à y assister chaque jour, quand la commodité vous le permet. L'Eglise est la maison de Dieu, où Jesus Christ vous attend pour y recevoir vos hommages, d'où vous voyez avec qu'elle modestie vous devez vous y presenter.

2. En y entrant vous prendrez de l'eau benite que vous mettrez sur vostre front, comme en forme de petite Croix. Pendant cette action vous pouvez penser à la grace que Dieu vous a fait de recevoir le saint Baptesme, par lequel vous avez receu l'entrée dans l'Eglise.

3. La coutume est à present, si vous estes en compagnie extraordinaire si vous marchez le premier entre personne de vostre état, de presenter de l'eau benite à ceux qui vous suivent, particulierement quand il n'y en a que deux ou trois. Je ne sçait neanmoins si cette ceremonie doit estre approuvée : ne vous en servez donc que rarement.

4. Estant entré dans l'Eglise, vous ferez une reverence tres-profonde au tres-saint Sacrement, ne vous asseyez jamais pendant les Messes basses, si vous n'estes incommodé, car cela est incivile, & pour lors il faudroit vous éloigner de l'Autel. L'on peut asseoir pendant les Messes qui se chantent en certain tems selon la coutume de l'Eglise, mais jamais apres l'elevation, apres laquelle on doit estre toujours a deux genoux.

5. La coutume est de se lever à l'Evangile, qui est la parole de Dieu pour faire voir que l'on est prest de faire ce que Jesus-Christ nous commande: en quelques lieux aussi l'on se leve à la Préface, il semble qu'il faille faire comme les autres. Quand on commence l'Evangile, l'on fait le signe de la Croix sur le front, sur la bouche, & sur le cœur: c'est contre la bienseance de le faire derriere le dos comme font certaines femmes.

6. Il est de mauvaise grace de causer pendant la sainte Messe, ou d'y tourner la teste, ou d'y assister un genoüil en terre. Ne vous appuyez pas aussi, & ne dites pas vos prieres si haut que vous incommodiez ceux qui sont auprés de vous.

De la maniere avec laquelle l'enfant doit se comporter à l'Ecole.

SI vous ne pouvez pas assister à la sainte Messe, entrez au moins à l'Eglise pour y faire quelque courte priere devant que d'aller à l'Ecole, pour recommander à Dieu vos estudes: vous verrez par experience que cela vous sera fort utile.

2. Il faut vous descouvrir en entrant dans l'Ecole, soit pour faire la reverence à vostre Maistre s'il y est, soit pour saluër vos compagnons, car il ne faut pas oublier aucun devoir de civilité, si familier que l'on puisse estre avec quelqu'un.

3. Ne changez point facilement de place pour estre tantost dans un lieu, tantost dans un autre, demeurez dans celle que le Maistre vous a donnée, ne soyez pas incommode à vos compagnons, en poussant l'un & en heurtant l'autre. Si quelqu'un n'en use pas de mesme à vostre egard souffrez le pour l'amour de Dieu sans vous plaindre, cela est aussi de l'honnesteté.

4. Il est incident d'estudier ou de lire quelque livre hors de propos, au lieu d'estudier sa leçon.

5. Ne soyez pas si malhonneste & si peu obligeant, que de refuser à vos compagnons dans le besoin de l'encre, des plumes ou autres choses s'il arrive qu'ils se fussent oubliez d'en apporter.

6. Ne causez point dans l'École, & si quelqu'un vous accuse injustement auprés du Maistre dequoy que ce puisse estre: n'en ayez point de ressentiment ou de desir de vous vanger: il suffira dans le temps de faire connoistre au Maistre vostre innocence si la chose le merite, sans vous échauffer d'avantage.

7. C'est une marque d'un esprit malin de témoigner de la joye quand on reprend ou qu'on chastie quelqu'un, gardez-vous donc bien de tomber dans cette faute.

De la maniere de parler dans la conversation.

Ne soyez pas du nombre de ceux qui parlent sans-cesse & qui ne donnent pas le temps aux autres de dire ce qu'ils pensent: si quelqu'un parle, laissez luy achever ce qu'il a à dire écoutez-le paisiblement sans l'interrompre ou couper son discours.

& honnête.

2. Ne parlez ny trop haut ny trop bas ; faites en sorte que vos discours soient doux & honnestes, familiers, & sans affectation tant en ce que vous dites qu'en la maniere de le dire.

3. Prenez garde aux personnes avec qui vous converſez ; ayez égard à ſçavoir leurs conditions, & eſtudiez leurs humeurs. Ne proposez pas des questions difficiles où les autres n'entendent rien : Ne parlez pas facilement de ce que l'on ſçait que vous aimez, & en quoy on ſçait que vous estes habile, si on ne vous en prie, de peur que l'on ne dise que vous vous recherchez, & que c'est pour paroistre.

4. Une gravité trop grande est trop ennuieuse & insuportable, il la faut éviter aussi bien que la legereté.

5. N'allez pas dans les compagnies où vous ſçavez que l'on ne vous voit pas volontiers, & si on ne vous demande.

6. Si deux personnes estoient en difficulté ou de sentiment contraire, n'embraſſez aucun party, mais accommodez-les le mieux que vous pourrez, particulierement en matiere indifferente.

7. Ne vous meslez pas de reprendre personne, à moins que vous n'y soyez obligé, ou que ce ne soit pour quelque chose qui soit de conséquence.

Du même sujet.

1. Il est de mauvaise grâce d'user tout exprès de mauvais langage, particulièrement en présence de personne à qui on doit du respect ; il est aussi contre l'honnêteté de faire des gestes en parlant, comme de tourner les bras, branler la teste ou tenir une autre posture que la naturelle.

2. Si quelqu'un en parlant à peine de trouver ses mots, ne luy suggerez point ce qu'il faut dire : ou ce que vous croyez qu'il veut dire, si ce n'estoit qu'il vous fut inferieur & que ce ne fut pour l'instruire.

3. Si vous survenez en compagnie, & que l'on soit au milieu d'un discours, gardez-vous bien de demander de quoy l'on parle à moins que vous ne soyez le Maistre de la compagnie, & si c'est vous qui discourez quand une personne d'authorité arrive, il est bon que vous repetiez en peu de mots ce que vous avez commencé. Ne faites point aussi jamais repeter

& honnête.

une personne qui parle, en luy disant : comment dites-vous ? je ne vous ay pas entendu, ou autre chose semblable.

4. Quand ceux qui vous commandent parlent à quelqu'un, il ne faut pas parler à d'autres, ou rire, & vous divertir pendant ce temps-là : il ne faut écouter ce que l'on dit, & ne jamais parler en secret à personne, encore moins retirer quelqu'un de la compagnie pour luy parler en particulier.

5. Ne debitez pas si facilement des nouvelles que vous ne les croyez vrayes, ne dites jamais de qui vous les avez aprises, si vous croyez que celuy qui les a dites n'aura pas cela pour agreable. Il ne faut jamais aussi reveler ce qui vous auroit esté dit en secret, quand mesme on ne vous auroit pas dit de n'en point parler.

6. Il ne faut pas estre long à raconter les choses, particulierement quand elles sont de peu d'importance, & ne faire jamais de digression inutile.

7. Tenez vos promesses, c'est le fait d'un homme d'honneur ; mais ne les faites pas si à la legere, que vous n'ayez bien pensé si vous les pouvez accomplir facilement.

C

La Civilité puerile

Maximes de Civilité touchant les loüanges.

Ardez-vous bien de vous vanter ou dire quoy que ce soit à vostre avantage; cela est insuportable à ceux qui vous écoutent, & qui pensent que vous voulez vous élever au dessus d'eux.

2. Comme c'est une sotise de faire vostre éloge, c'est aussi une imprudence de découvrir vos defauts: ne dites donc jamais de vous ny bien ny mal, l'humilité est dans le cœur.

3. Si quelqu'un vous loüe, ne vous en rejoüissez pas comme pour y prendre plaisir: c'est la marque d'une personne qui aime à estre flattée: mais excusez-vous modestement, ou coupez le discours, ce ne sera pas pour lors une incivilité, si c'est une personne qui soit beaucoup au dessus de vous; en baissant les yeux, faites luy la réverence.

4. Si on loüe quelqu'un en vostre presence, il ne faut pas dire d'autres ont encore plus de merite, car toutes comparaisons sont odieuses, & vous pourrez vous compromettre.

5. Ne loüez jamais personne extraordinairement, comme si vous voulez porter les autres à suivre vostre sentiment: vous pourriez neanmoins & devez dire du bien de

& honnête.

ceux qui le méritent ; mais sans exageration & sans aucune comparaison vous devez aussi prendre garde que ce ne soit point en presence de leurs ennemis.

6. Flater c'est dire du bien de quelqu'un qu'il n'a pas, ou en dire plus qu'il n'y a pour le faire estimer ou loüer ; tout cela est lasche & mauvais, puisque c'est pour faire augmenter la presomption des personnes que l'on flate.

Maxime de prudence.

Quand quelqu'un en vostre presence dit ou fait quelque chose qui n'est point à faire ou à dire, si vous vous appercevez que c'est une surprise, & qu'il est humilié dans la reflexion qu'il fait sur soy-mesme ; vous feriez contre la civilité & contre la charité de reveler la parole ou l'action, parce qu'il ne faut faire honte à personne, faites donc semblant que vous ne vous en estes point apperçu & s'il fait quelque excuse, tachez de donner une bonne interpretation à la chose, ou l'excuser.

2. Ne vous mocquez jamais de personne quand mesme ce qu'il auroit avancé vous sembleroit peu raisonnable ; & ne le méprisez pas pour cela ; peut-estre que vous ne vou-

cevez pas sa pensée, peut-estre si ce n'est qu'il fut moindre que vous & qu'il dist des choses si hors de propos qui ayent quelque suite que vous fussiez obligé de la reprendre, encore le faudroit-il faire doucement sans faire le Maistre.

3. Si quelqu'un vous dit des paroles injurieuses, ne repondez pas : & ne vous mettez pas en devoir de vous deffendre ; mais prenez tout en jeu : si un autre vous deffend, témoignez que vous ne vous sentez pas choqué.

4. Il est de mauvaise grace & contre la charité de faire des rapports de ce que quelqu'un pourroit vous avoir dit ou fait, particulierement quand les choses ne sont point de grande consequence : & prenez garde que la passion ne vous les fasse paroistre grandes.

5. Gardez-vous bien de contrefaire qui que ce puisse estre, ni en ses actions, ni en ses paroles : parce que c'est le propre des bouffons, & cela choque plus que les paroles injurieuses, quand la personne vient à le sçavoir.

6. Il ne faut pas se vouloir emporter dans les disputes, c'est assez de dire son sentiment & de l'appuyer de bonnes raisons, doucement & sans chaleur, la condescendence Chrestienne veut que l'on suive plutost le sentiment de ceux qui sont en plus grand nombre.

La manière de saluër en se rencontrant.

Si dans le chemin vous rencontrez une personne qui vous semble de merite ou pour son age ou pour sa qualité, vous la saluërez honnestement sans beaucoup vous retourner vers elle, si ce n'est que vous la connoissez particulierement.

2. Il ne faut pas qu'un jeune enfant fasse de difficulté de saluër les personnes qu'il rencontre, particulierement si ces rencontres ne sont pas frequentes : parce qu'il y a de l'honneur à honorer les autres.

3. La coutume de Paris est de ne saluër que ceux que l'on connoist à cause du luxe & de la braverie qui regne dans cette Ville, où la qualité des personnes est méconnoissable : il ne faut pas néanmoins refuser ce devoir aux Ecclesiastiques & aux Religieux.

4. Si une personne vous saluë & vous arreste dans le chemin, il faut luy en rendre au moins autant qu'il vous en donne pourveu qu'il ne vous soit pas tout-à-fait inferieur, il ne faut pas dire à toutes personnes comment vous portez-vous ; mais seulement à ceux qui vous sont à peu près semblables, & que vous connoissez particulierement.

5. Dans la rencontre d'une personne d'honneur ou qui vous est semblable, donnez luy le haut bout, & vous retirez tant soit peu au milieu de la ruë pour lui faire honneur.

6. Il est de mauvaise grace de dire à une personne, couvrez-vous, Monsieur, si ce n'est qu'elle vous soit inferieure, à vos semblables vous pouvez dire, couvrons-nous. Si vous avez besoin de vous couvrir en presence d'une personne à qui vous voulez faire de la Civilité, vous pouvez luy dire, Monsieur j'attend vostre ordre pour me couvrir.

7. Si on vous dit de vous couvrir, il le faut faire incontinent, sans attendre qu'on vous l'ait dit trois fois; & si la personne qui vous parle est aussi découverte, ne vous couvrez pas le premier, mais faites-le ensemble.

La maniere de qualifier les personnes à qui l'on parle, & de souscrire aux lettres.

Quand on parle au Roy, on se sert de ce terme, Sire, Vostre Majesté; aux Princes, Monseigneur, vostre Altesse, aux grands Seigneurs, Monseigneur, vostre Excellence, les sujets appellent aussi leur seigneur particulier Monseigneur, sur tout s'ils sont des gens de Village, & en tout cela il faut suivre la coutume & imiter les gens qui sont en réputation de bien parler.

2. Pour l'estat Ecclesiastique, quand on parle au Pape, comme il est le Vicaire de Jesus-Christ on dit, Saint Pere, vostre Sainteté; aux Cardinaux Monseigneur, vostre Eminence, aux Evesques, vostre Grandeur, aux Abbez, Moines, & Generaux d'Ordre, Mon tres-Reverend Pere; vostre Reverence; aux Religieux, Mon Reverend Pere, & à toutes autres personnes de l'estat Ecclesiastique & Seculier, qui ont un peu d'apparence, l'on se sert de ce terme Monsieur.

3. On appelle les Artisans ou gens de Village, mon maistre, les petits enfans, mon fils, mon petit garçon, & en parlant à son pere ou à sa mere, c'est mal dit, Pere, Mere, mais il faut dire, mon pere, ma mere.

4. Ne vous servez pas si facilement de ces mots tu toy, à moins que la personne à qui vous parlez ne vous soit beaucoup inferieure, comme sont les jeunes enfans à l'égard de Pere & Mere, ou les serviteurs à l'égard de leur Maistre: cela se fait quelquefois entre amis pour marque de familiarité, mais cela ne doit pas estre imité.

5. Il est contre la bienséance d'appeller une personne autrement que son propre nom, en luy donnant des sobriquets, & quand d'autres le feroient: il ne faut pas les imiter.

6. L'on met les mesmes qualitez quand on écrit, comme quand on parle, si l'on écrivoit à une personne de qualité, ou à une personne à qui on vouluft faire honneur, il faudroit laisser un grand vuide entre Monseigneur & le commencement de la Lettre.

7. C'est une incivilité & une grossiereté d'esprit, de souscrire des Lettres addressées aux personnes de qualité en mettant, vostre affectionné, ce terme ne devant estre que pour les personnes de moindre ou de semblable condition il faut se servir de ces termes, votre tres-humble & tres-obéissant serviteur.

Du port ou du maintien exterieur.

Ne baissez point le dos comme si vous aviez un grand fardeau sur les épaules, mais tenez-vous toujours droit, & accoustumez-vous à cette posture.

2. Ne mettez pas vostre chapeau sur l'oreille, ny trop sur le devant de la teste comme si vous vouliez cacher vostre visage. voyez comme font les honnestes gens.

& honnête.

3. Portez vostre manteau sur les deux épaules, & non pas retroussé sous le bras, il est encore plus ridicule de le porter sur le coude.

4. Ne mettez pas les bras au costé comme les femmes qui sont en colere & qui disent des injures à leurs voisines.

5. Il est incivile de branler les jambes quand on est assis, comme font les petits enfans qui ne peuvent s'en empescher.

6. Il ne faut pas aussi mettre une jambe sur l'autre, cela n'appartient qu'aux grands Seigneurs & aux Maistres; mais tenez-les fermes & arrestées les pieds également joints, & non croisez l'un sur l'autre.

7. Voyez comme font les honnestes gens, taschez d'imiter leur façon de faire, ils sont pour vous des regles de Civilité & de bien-séance.

La maniere de donner ou de recevoir quelque chose.

Vand vous presentez quelque chose à quelqu'un, il faut baiser la chose si cela se peut & la luy ayant presenté, il faut faire la reverence.

2. Si on vous presente quelque chose telle

quelle puisse estre, il faut baiser la main
avant que de la recevoir, & puis baiser la
chose que vous aurez receuë. Il ne faut pas
néanmoins mettre la main ou la chose si prés
de la bouche, il suffit de faire semblant de
la baiser.

3. Quand vous presentez quelque chose à
quelqu'un ; il la faut tellement tenir, qu'il
la puisse prendre facilement par où elle doit
estre prise. Ainsi lorsque vous presentez un
couteau ou une cuilliere, il faut tourner le
manche, vers celuy qui la doit recevoir.

4. C'est contre la bienseance de faire des
éloges du present que vous faites, comme si vous vouliez que l'on eust plus de
reconnoissance que si d'autres le loüoient, il
faut répondre que vous souhaitteriez qu'il
fut plus beau & plus digne du merite de
celuy a qui vous le presentez.

5. Il est de la Civilité, au contraire de
témoigner de l'estime du present que l'on
vous fait, & de ne le point cacher incontinent.

6. C'est une tres-grande faute d'y trouver
à redire particulierement devant celuy qui vous
l'a fait parce qu'il ne faut faire honte à personne.

7. Il ne faut jamais faire ressouvenir aucun du bien qu'on luy a fait, car il semble
que ce soit un reproche d'ingratitude.

La maniere de se moucher, cracher & étcrüer sans manquer à la Civilité.

Quoy que toutes les actions soient naturelles, & quelquefois necessaires, il y a neanmoins la maniere de les faire pour ne point pecher contre les regles de la Civilité. Quand vous avez de besoin de cracher, tournez-vous tant soit peu le visage à costé, ensorte que vous n'incommodiez personne, mettez incontinent le pied dessus avant qu'il puisse estre aperçu si le phlegme est considerable.

2. Il est de mauvaise grace de cracher par la fenestre dans la ruë, ou sur le feu, & en tout autre lieu où on ne pourroit marcher sur le crachat.

3. Ne crachez point si loing qu'il faille aller chercher le crachat pour mettre le pied dessus, & encore moins ne crachez point vis-à-vis de personne.

4. Gardez-vous bien de vous moucher avec les doigts ou sur la manche, comme les enfans, mais servez-vous de vostre mouchoir, & ne regardez pas dedans apres vous estre mouché.

5. Il ne faut pas aussi faire un grand bruit en se mouchant, comme pour sonner de la trompette : mais on doit se comporter tellement qu'à

peint ceux qui sont present puissent en apercevoir.

6. Si vous vous sentez disposé à ternüer, tournez-vous tant soit peu de costé, couvrez vostre visage avec le mouchoir, & remerciez la compagnie qui vous aura salüé en luy faisant la reverence.

7. Il faut s'abstenir de baailler en compagnie autant que l'on peu, parce que c'est une marque d'une personne ennuyée que si neanmoins on y étoit contraint, il faudroit s'abstenir de parler pour lors, mettre le mouchoir ou la main devant la bouche, aprés avoir tourné la teste.

Comme l'Enfant doit se comporter auprés du feu.

L'honnesteté veut que l'on se comporte auprés du feu comme en toute autre rencontre, & que l'on cede toujours la place la plus honorable & la plus commode aux personnes de plus grand merite.

2. La place d'honneur est celle du milieu, quoy qu'à present dans les familles celle du coin qui regarde la porte, soit celle d'ordinaire que le Maistre choisit, pour voir ceux qui entrent & qui sortent; mais ce doit estre une place de son choix, & non pas qui puisse estre honnestement presenté à un honneste homme.

3. Ne vous approchez pas si prés du feu,

crainte de vous brûler les jambes ; & encore moins ne mettez pas les mains dans la flame.

4. Toucher au feu sans-cesse pour approcher les tisons les uns des autres, ou pour changer la disposition du feu, c'est la marque d'un esprit turbulent, & qui ne peut se tenir en repos.

5. En presence d'honneste compagnie vous ne devez pas tourner le dos au feu : & si quelqu'un se donnoit cette liberté à cause de sa préeminence, il ne faudroit pas l'imiter en cela.

6. La charité aussi bien que la Civilité, veut que l'on fasse place à ceux qui viennent de nouveau, & que l'on s'incommode un peu en faveur de ceux qui ont plus besoin de se chauffer.

7. Si quelqu'un jette quelque chose dans le feu, comme Lettres, Papiers, ou autres choses semblables, il est de très-mauvaise grace de les retirer pour quelque raison que ce puisse estre.

Comme l'honnête Enfant doit se comporter au Jeu.

LE Jeu n'est pas inventé pour gagner de l'argent, ou pour faire fortune, mais simplement pour relacher un peu son esprit après l'étude ou le travail, & il n'en faut pas faire coutume.

2. Le Jeu n'estant que pour se divertir,

ceux qui joüent doivent faire paroistre un visage gay.

3. Il est cependant contre la bienseance de
témoigner une joye extraordinaire quand on ga-
gne, ou de se troubler, fascher & impatienter
quand on perd, c'est une marque que l'on joüe
pour le gain.

4. Il est tres-incivil de se mocquer de
quelqu'un qui auroit manqué d'adresse en
joüant, ce seroit une grande incivilité.

5. Les Jeux qui exercent le corps comme la
paulme, la boule, le Volant sont prefera-
bles aux autres: & mesme à ceux qui exercent
& fatiguent trop l'esprit, parce qu'ils deman-
dent plus d'application comme les Echets, les
Dames, le Piquet, la Marelle.

6. Les Jeux de hazard comme le Bere-
land, le Lansquenet, les Dez & autres semblables, devroient estre encore plus defen-
dus qu'ils ne sont, & ce sont proprement
des Jeux de laquais qu'un enfant bien né ne
devroit pas sçavoir.

7. Il est aussi de mauvaise grace de trom-
per au Jeu, c'est mesme un larcin: & si on ga-
gne, on est obligé à restitution quand on auroit
gagné en partie par son industrie.

De la maniere en laquelle on se doit comporter à la Table.

DEvant que de vous mettre à Table, il ne faut pas oublier de laver vos mains selon le rang que vous tenez dans la famille, ou entre les conviez, & en recevant l'eau, il faut vous baisser un peu pour ne point salir vos habits.

2. Si l'essui-main ou la serviette est attagée, faites ensorte que vous n'incommodiez personne en essuyant vos mains, & si elle n'est point attagée, tenez-la par le bout jusqu'à ce que ceux qui sont au dessous de vous s'en soient servis.

3. Estant ensuite autour de la Table avec la compagnie les mains jointes, attendez qu'on ait donné la benediction.

4. Ce devoir appartient aux Ecclesiastiques, s'il y en a ou à leur defaut au plus jeune de la compagnie qui dira ainsi: Benedicite, les autres répondent, Dominus, il continuera distinctement & intelligiblement nos & ea quæsumus sumpturi benedicat dextera Christi; & en disant: In nomine Patris, & Filii, & Spiritus Sancti, il fera le signe de la Croix sur la Ta-

elle, & les autres répondront. Amen.

5. Ne vous asseyez pas que chacun n'ait pris place, ou au moins gardez votre rang; & estant assis, ne mettez pas si-tost la main à la serviette pour la desployer devant les autres, attendez que celuy qui precede ait commencé.

6. Vous étendrez vostre serviette honnestement devant vous, en sorte qu'elle couvre jusques à la poitrine; & ayant essuyé vostre cuilliere avec le bout de vostre serviette, vous attendrez que quelqu'autre ait commencé à prendre du boüillon dans le plat, ou dans son écuelle.

7. Si vous vous servez d'écuelles comme dans les familles, il la faut tellement poser que l'oreille ne soit pas devant vous.

La manière de s'asseoir à Table, & d'y manger.

NE vous aprochez pas si fort de la Table, & n'appuyez jamais vos coudes dessus, il ne faut pas aussi vous en éloigner si fort qu'à peine y puissiez-vous atteindre, mais faut estre tellement disposé que vous y ayez les poignets.

2. C'est contre la Civilité de souffler la soupe pour la refroidir, particulierement, quand

on est en compagnie: il est plus séant d'attendre, ou de la remüer doucement avec la cuilliere. On peut mettre du pain trempé dans le bouillon sur l'assiette quand on en mange, mais non pas autrement. Il n'est pas aussi honneste d'humer sa soupe, quand on se serviroit d'écuelles, si ce n'estoit que ce fut dans la famille, après en avoir pris la plus grande partie avec la cuilliere.

3. Si le potage est dans un plat, portez-y la cuilliere à vostre tour sans vous precipiter: prenez toujours devant vous ce qui s'y rencontre sans chercher ailleurs, vous pouvez vous courber un peu pour ne point salir vos habits, mais non pas vous jetter si fort sur les viandes.

4. Après avoir mangé le potage si vous vous estes servi d'écuelles vous la rendrez à celuy qui dessert, ou vous la mettrez en quelque endroit, ensorte qu'elle n'incommode personne, mais vous ne la jetterez pas à vos pieds.

5. N'étoyez pas vostre couteau avec vostre serviette devant que de couper du pain, & n'en coupez pas de trop gros morceaux, ne l'étrouez pas, coupez le également, mais non pas sur l'assiette.

6. Ne tenez pas un morceau de pain renfermé dans vostre main comme si vous vouliez le

La Civilité puerile

cacher, mais portez-le à la bouche avec les deux doigts quand vous voulez manger.

7. Ne tenez pas toujours vostre couteau à la main comme font les gens de village, il suffit de le prendre lors que vous voulez vous en servir.

Du même sujet.

Quand on vous sert de la viande il n'est pas séant de la prendre avec la main: mais il faut presenter vostre assiette de la main gauche, tenant vostre fourchette ou vostre couteau de la droite, recevoir ce que l'on vous donne avec action de grace, en vous inclinant un peu.

2. Neantmoins le pain, les fruits, les dragées, mesme les œufs frais ou l'écaille peuvent se recevoir avec la main.

3. N'emplissez pas tant vostre bouche que cela ne vous empesche de parler, s'il étoit necessaire, & n'y portez rien que les premiers morceaux ne soient avalez.

4. Ne soyez pas âpre à manger comme sont les gourmands, & ne regardez pas ceux qui sont auprès de vous pour voir ce qu'ils mangent, ou si on leur presente de meilleurs mor-

& honneste.

ceaux qu'à vous.

5. Si vous avez mis dans vostre bouche quelque morceau qui vous fasse mal, ne le remettez pas sur l'assiette, mais jettez le dehors en vous tournant la teste de costé, & en vous couvrant un peu le visage de la serviette.

6. Si vous trouviez quelque cheveu, charbon ou autre chose dégoutante dans les viandes, il ne faudroit pas les montrer aux autres, de peur de les dégouter, mais il faudroit l'oster si a droitement que personne ne s'en apperçoive.

7. Ne parlez point de la qualité des viandes, si elles sont bonnes ou mauvaises ; si neanmoins le maistre du festin vous demande vostre sentiment, vous lui repondrez le plus avantageusement qu'il vous sera possible, sans faire aucune plainte.

Du même sujet.

NE prenez point de sel avec vos doigts, mais avec la pointe du cousteau apres l'avoir nettoyé s'il estoit gras, n'en prenez pas plus que vous n'en voulez user.

2. Il est contre la bienseance de donner flai-

D ij

ver les viandes : & il faut se donner bien de
garde de les remettre dans le plat apres les
avoir flairées.

3. Si vous prenez dans un plat commun
ne choisissez pas les meilleurs morceaux,
ny ceux qui sont plus à vostre goust.

4. Prenez ce qui se rencontre devant vous
il est aussi de mauvaise grace de retourner
le plat : cela n'appartient qu'au Maistre ou
à celuy qui sert les autres, ce qu'il doit faire mesme avec discretion.

5. Coupez avec le couteau apres que
vous aurez arresté la viande qui est dans
le plat avec la fourchette, & laquelle vous
vous servirez pour porter sur vostre assiette ce que vous aurez coupé ; ne prenez
donc pas la viande avec la main, ny un
fort gros morceau à la fois.

6. Il ne faut pas jetter par terre n'y os
ny coque d'œufs ny pelure d'aucun fruit,
ny autre chose qui ne se mange point, qui se
trouve neanmoins avec la viande : il est
plus seant de les poser sur le bord de l'assiette.

7. Il en est de mesme des noyaux que l'on
tire plus honnestement de la bouche avec les
deux doigts qu'on ne les crache dans la main.

Du même sujet.

C'ſt contre la Civilité de boire devant que d'avoir mangé ſon potage & même incontinent après : attendez donc que vous ayez un peu mangé d'autres viandes & ne commencez pas le premier, ſi ce n'eſtoit que vous ſoyez le Maiſtre de la compagnie, ou que vous euſſiez demandé permiſſion en expoſant vos beſoins, le meilleur eſt de s'en abſtenir, ſur tout quand on eſt des moins conſiderables entre les conviz.

2. Quand on vous preſente à boire, il faut eſſuyer vos doits à voſtre ſerviette, & prendre le verre ou la coupe par le pied, & non pas par le milieu : il faut avoir ſoin qu'il y ait toujours beaucoup d'eau.

3. Prenez garde que celuy qui vous ſert n'en mette autant que ce que vous pouvez boire en une fois, & que le verre ne ſoit pas ſi plein que vous en verſiez.

4. Eſſuyez voſtre bouche avec voſtre ſerviette devant que de boire, tenez voſtre veuë à ce que vous beuvez ſans regarder de coſté & d'autre : après avoir beu, eſſuyez voſtre bouche.

5. Ne beuvez pas ayant le morceau à la bouche : n'y lors que vostre voisin boit, encore moins pendant que celuy qui est le plus considerable de la compagnie à le verre en main, attendez qu'il ayent beué.

6. Ne beuvez pas ny trop lentement n'y trop à la haste, n'y à divers reprises sans quitter le verre, il est plus à propos, quand vous ne pouvez tout boire en une fois, de rendre le verre & laisser le reste pour une autre fois, c'est aussi contre la Civilité de faire de long discours, ayant le verre en main.

7. Il ne faut pas boire facilement à la santé, avec ses semblables pour marque d'amitié ou de reconciliation, si quelqu'un boit à vostre santé, vous devez le remercier fort honnestement & pouvez boire à la sienne en vous inclinant sans vous découvrir, apres lui avoir demandé permission en disant, Monsieur avec vostre permission, c'est pour saluer vos graces : autrement il ne faut jamais boire à plus grand que soy.

La maniére de servir à Table entre les Conviez.

C'Est affaire à celuy qui est le maistre du festin d'avoir soin de tout, de déployer le premier sa serviete, s'il est le plus

& honnête.

grand en dignité, de demander le premier à boire, ou d'ordonner qu'on présente aux autres quand il est temps.

2. Quand on traitte quelqu'un, il est de la bienséance de luy présenter tout ce, dont il peut avoir besoin, mesme des viandes qui sont proche de luy.

3. Si vous estes invitez d'autruy ; il est plus expedient d'attendre que le maistre vous serve que de prendre des viandes vous-mesmes, si ce n'est qu'il vous prie d'en user librement, & qu'il soit un de vos meilleurs amis.

4. Il est de mauvaise grace de servir les autres hors de la maison, dans les compagnies où l'on auroit peu de pouvoir, si ce n'est que le nombre des conviez soit grand, que le maistre du festin ne puisse avoir l'œil sur tout ; car pour lors l'on peut servir ceux qui sont proche de soy.

5. Les jeunes & ceux qui sont de moindre consideration ne doivent pas se mesler de servir ; mais seulement prendre pour eux à leur tour ce qui est devant eux, ou recevoir ce qu'on leur presente avec action de grace.

6. L'on sert la viande avec la fourchette, non point avec la main, on la présente à mesure qu'on la tranche par morceaux ; celuy qui la distribue aux autres doit se servir le dernier : & il ne doit pas prendre le

meilleur pour luy.

7. Les fruits à noyaux se presentent avec le plat; les pommes & les poires se pelent & se presentent avec le couteau, estant proprement revetuës de leur pelure; & si elles sont grosses on peut les couper par la moitié, le fromage se presente par petits morceaux avec le couteau, aprés estre pelé: les dragées se distribuent avec la cuilliere.

La maniere qu'un enfant doit servir à Table.

La nappe estant proprement estenduë sur la table, vous y mettrez la saliere, & vous disposerez les assiettes, sur lesquelles vous mettrez le pain, que vous couvrirez de la serviette honnestement, si ce n'est que l'on se serve d'écuelles pour le potage: car pour lors il faut mettre les écuelles sur les assiettes, & mettre la serviette à droite avec la fourchette, le couteau & la cuilliere.

2. Ensuite vous laverez les verres, & les disposerez tellement sur le buffet, ou sur une petite table couverte de linge blanc, afin que vous ne les changiz pas, quand il sera question de les presenter.

3. Il faut essuyer les plats par dessous, particulierement ceux du potage, de crainte qu'ils ne salissent la nappe, les disposer tellement que tous les conviez puissent atteindre avec la cuilliere.

4. Vous presenterez à laver, en élevant un peu l'aiguiere avec ceremonie, ayant la serviette pliée en long sur l'epaule gauche, & tenant le bassin par dessous, s'il n'est posé sur un escabeau, ou autre chose semblable.

5. Vous ne presenterez point à boire que l'on n'ait mangé quelque temps des viandes, apres que le potage sera sceu, vous commencerez par le plus honnorable de la compagnie, en luy presentant le verre avec la main gauche, tenant l'aiguiere de la droite en gardant les regles de la Civilité qu'on a accoutumé de pratiquer quand on presente ou qu'on reçoit quelque chose.

6. S'il est besoin de presenter du pain vous le porterez sur une assiette nette, & non pas à la main.

7. Et si on vous ordonne de changer les assiettes, vous les changerez apres le premier service, en commençant par celuy qui tient le haut bout dans la compagnie & en continuant vous irez de suite rendant une assiette blanche à mesure que vous osterez l'autre.

De la maniere d'étudier.

Il est difficile de vous donner des regles pour vos estudes qui peuvent estre si differentes, tout ce que l'on peu vous dire est de ne prendre ny plume pour écrire, ny livre pour lire que vous ne vous ayez recommandé à Dieu : & que vous ne l'ayez prié de vous ouvrir l'esprit.

2. L'experience vous fera voir l'utilité de cete pratique, & vous connoistrez que Dieu est le Pere des lumieres : & ne vous obliez donc jamais de ce devoir.

3. On ne vous en donne point d'autres pour la lecture ou pour l'écriture, apres les regles que vostre Maistre vous prescrit que l'usage : plus vous lirez & plus vous écrirez plutost aussi vous rendrez-vous parfait dans ces sciences, comme dans toutes les autres.

4. Ne faites point de difficulté de relire plusieurs fois ce que vous aviez déja lu, particulierement quand les choses le meritent, ce que vous lirez facilement vous fera prendre goust à la lecture.

5. N'apprenez rien par memoire que vous ne l'entendiez parfaitement ; & quoy que

vostre memoire travaille en étudiant, faites aussi que vous en ayez l'intelligence actuelle, car on profite peu d'apprendre les choses comme les Perroquets.

6. Il est bon d'entendre & de concevoir tout, mais il n'est pas necessaire de sçavoir tout par cœur, puisqu'il n'est pas expedient de charger la memoire des choses inutiles.

7. Le matin est un temps tres-propre pour comprendre ce qu'on lit le soir pour l'apprendre par cœur, ainsi je suis d'avis que vous repettiez sur le soir devant que de vous coucher plusieurs fois en vostre esprit ce que vous comprendrez déja, a fin de ne les pas oublier si facilement.

Du coucher.

L'Heure de vous coucher estant venuë, vous devez avoir soin non seulement de vous recommander à Dieu, en faisant vos prieres à genoux, mais encore de repasser sur les actions de la journée, pour voir qu'elles ont été, & en quelle maniere elles ont été faites.

2. Priez Dieu qu'il produise en vous par la vertu de son esprit une douceur sincere & veritable, qui vous attendrisse le

ceux & vous porte à un entier amandement de vie.

3. N'oubliez pas de prendre de l'eau benite; & en vous munissant du Signe de nostre salut, de renouveller les protestations de vostre baptesme, qui sont de renoncer au demon, au monde, & à ses pompes, de suivre Jesus-Christ, en pratiquant sa doctrine toute sainte.

4. Ne vous deshabillez point en presence des autres, accommodez tellement vos habits que vous les retrouviez le matin tout ensemble: ne negligez point de voir s'il y manque quelque chose, il ne faut pas aussi vous oublier de les secoüer & épousseter; en sorte qu'ils soient toujours honnestes.

5. Fermez la porte de vostre chambre par le dedans, si la necessité vous contraint de coucher avec quelque autre de mesme sexe (car il ne vous est pas permis, comme il n'est pas honneste de coucher avec des personnes de sexe different telle quelle puisse estre) ne vous approchez pas si prés que vous vous incommodiez l'un l'autre, gardez l'honnesteté par tout.

6. Couchez-vous en telle maniere que vous soyez tout couvert; ne vous mettez ny sur le dos ny sur le ventre, mais sur le costé droit.

7. C'est contre la bienséance de parler dans le lit ; & aussi efforcez-vous de garder cette règle de silence : entretenez vostre esprit dans quelque pensée pieuse, ou au moins pensez à vos leçons, & les repettez.

Avis très important à la Jeunesse.

Gardez-vous bien d'estre querelleux, c'est la marque d'un esprit bas & lasche, de ne pouvoir souffrir une injure, & d'une ame peu chrétienne, de ne vouloir pas faire gloire de n'avoir point de ressentiment, faites du bien à vos ennemis, quoy qu'ils puissent faire contre vous.

2. N'ouvrez pas vostre cœur à tout le monde ; chacun n'est pas capable de garder un secret ; & quoy que vous ayez plusieurs amis ayez peu de familiarité.

3. Ne vous fiez aux personnes qu'après que vous aurez éprouvé leur fidelité, si on vous manque de foy, prenez vous en à vostre imprudence, & à la facilité de vostre esprit, plutost qu'à la legereté de celui qui vous a esté infidèle.

4. Ne faites d'autruy ce que vous ne

voudriez pas qui vous fut fait, & si vous n'observez cette loy de la bienseance, attendez-vous d'être mesuré à la même aulne que vous aurez mesuré les autres. Dieu le permettra sans doute, puis qu'il est infaillible en sa parole.

5. Si quelqu'un qui est par dessus vous, fait mal en vostre presence ne le regardez pas avec curiosité, détournez vostre veüe & ne vous rendez pas témoins d'une mauvaise action.

6. Etudiez-vous à vous rendre sincere & tasché d'être en reputation de bonne foy, & d'une personne de parole duquel on peut assurer, c'est la plus honnorable qualité que vous puissiez avoir.

7. N'entreprenez jamais aucune affaire d'importance, sans avoir pris conseil de personnes sages & desinteressées, écoutez serieusement ce qu'ils vous diront sans vous arrêter à vostre propre caprice pour faire vos propres sentimens.

& honnête.

Aux paresseux & lâches de courage.

Toy, paresseux qui abuse du temps,
Va aux fourmys, considere & contemple
tout son labeur : que si bien tu l'entens :
Tu y pourras apprendre un bel exemple.

Table Pythagorique, servant à la multiplication de deux nombres simples l'un par l'autre.

	2	3	4	5	6	7	8	9
2	4	6	8	10	12	14	16	18
3	6	9	12	15	18	21	24	27
4	8	12	16	20	24	28	32	36
5	10	15	20	25	30	35	40	45
6	12	18	24	30	36	42	48	54
7	14	21	28	35	42	49	56	63
8	16	24	32	40	48	56	64	72
9	18	27	36	45	54	63	72	81

L'usage de cette Table est tel, que si par exemple, vous voulez multiplier ces deux nombres quatre sept l'un par l'autre, & sçavoir quel nombre sortira de quatre fois sept, entrez en la ligne dessus ou vous trouverez 3 & descendez en celle du costé, trouverez 7 puis traversez jusques au dessous du 4 vous trouverez qu'il en sortira 28, & ainsi des autres.

TABLE DE NUMERATION

pour sçavoir nombrer, tant par nombre que par chiffre en leur valeur.

Un	1	i	Vingt	20
Deux	2	ii	Trente	30
Trois	3	iii	Quarente	40
Quatre	4	iv	Cinquante	50
Cinq	5	v	Soixante	60
Six	6	vi	Septante	70
Sept	7	vii	Octante	80
Huit	8	viii	Nonante	90
Neuf	9	ix	Cent	100
Dix	10	x	Deux-cent	200
Onze	11	xi	Trois-cent	300
Douze	12	xii	Quatre-cent	400
Treize	13	xiii	Cinq-cent	500
Quatorze	14	xiv	Six-cent	600
Quinze	15	xv	Sept-cent	700
Seize	16	xvi	Huit-cent	800
Dix-sept	17	xvii	Neuf-cent	900
Dix-huit	18	xviii	Mil	1000
Dix-neuf	19	xix	Dix Mil	10000

J'Ay lû par ord.e de Monseigneur le Chancelier un Livre intitulé *La Civilité puerile & honnête, &c* dans lequel je n'ai rien trouvé qui puisse empêcher l'impression, en foi dequoi j'ay signé ces presentes. A Paris ce deuxieme jour de Juin mil sept cent quatorze.

Signé, D'ANCHET.

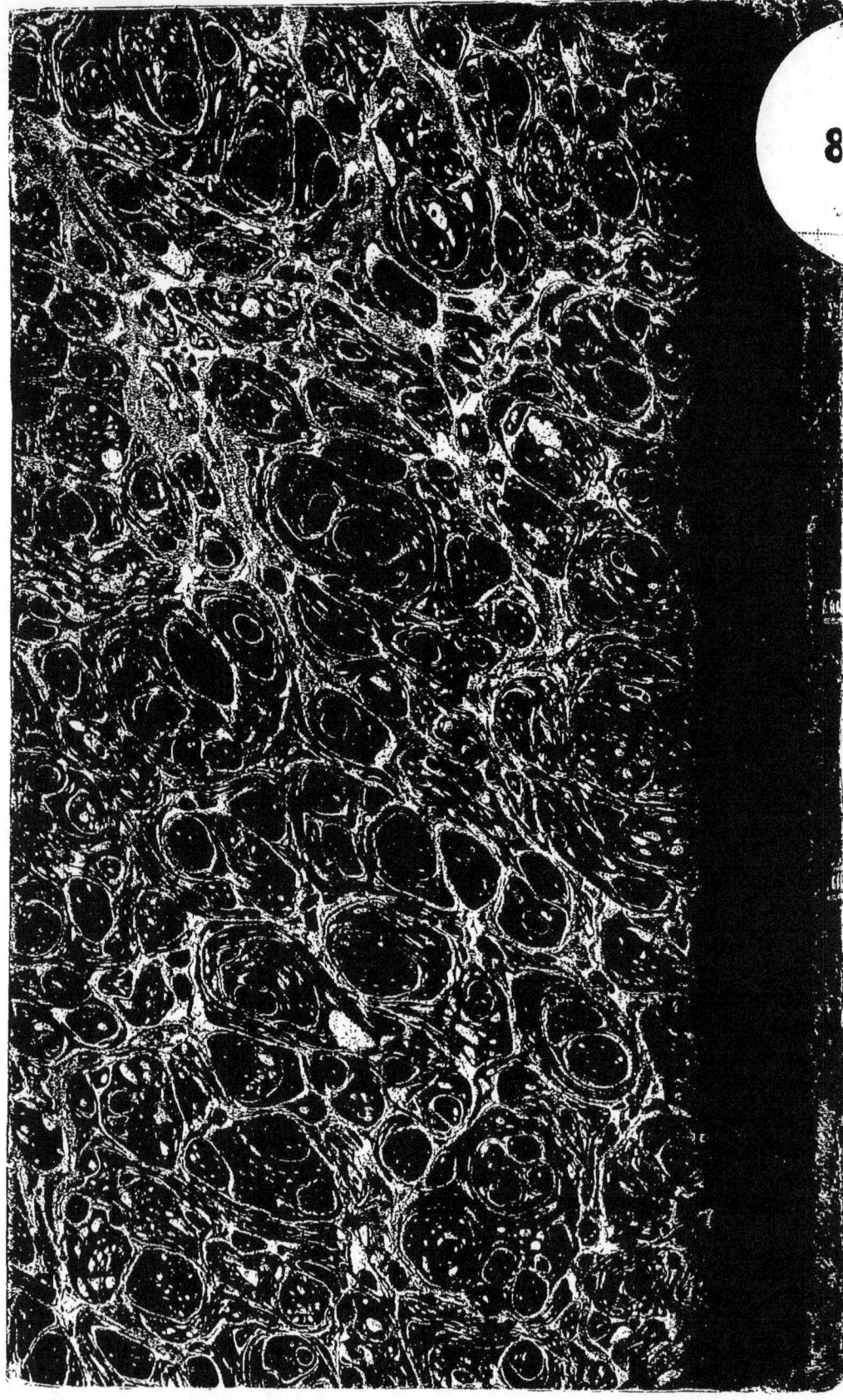

www.ingramcontent.com/pod-product-compliance
Lightning Source LLC
LaVergne TN
LVHW050636090426
835512LV00007B/883